魏晋南北朝情诗选译

爱情诗选系列 03

河歌

魏晋南北朝情诗选译
版权所有 ©2022 河歌

这本书是一部古典作品选集，并有插图及其白话意译。本书所用图案均来自清画院《十二月月令图》的剪辑。

如需信息，请联系：Riverthathorn@gmail.com

设计和封面：河歌

国际标准书号：978-1-7782740-7-7

第一版：2022 年 10 月

目录

前言

  魏晋南北朝（公元 220～公元 589 年）是中国历史上政权更迭频繁，社会混乱，民族冲突尖锐的时期。这时期的诗歌仍然在文学上占有最重要的地位，题材也更多样化，成为动乱的三百多年的一面镜子。诗歌的形式和风格也更丰富。五言诗得到了大发展。出现的七言歌行，为以后的七言诗的发展做出了贡献。南北朝的民歌也十分令人惊奇。

  本集所选的爱情诗歌，有的出自民歌，有的出自文人作家。可以发现，大多数情诗以女性题材为主，其叙述者为男性，而诗中的主人翁则为女性。因此那些为数不多的女性叙述者的作品，则格外特别和迷人。此时期的情诗，常常直接描写女性容貌和神态，或以物兴怀、烘托女性行为和心理。

  另外，地域文化的差异也反映在情诗里。南方的爱情表达较含蓄，受礼教的束缚较深。而北方的所表达的情感更直接、率真，可谓是"爱无罪"！

  您还会发现，爱情诗怎么越写越长了？似有说不尽的相思，道不完的愁怨。其中一位名叫子夜的女作者写的一首诗《子夜歌》相当长，被人称为史上最了不起的长情诗。另一首值得一提的长诗则是潘安的《悼亡诗》，作者是男性，诗的主人翁是少见的男性！这首悼念亡妻的诗还开启了后来的悼亡诗的先河。

  本集选出 42 首反映爱情的诗歌，加以注释和白话翻译，推荐给古典诗歌爱好者欣赏和收藏。在您开读之前，让我先推荐两句我最喜爱的名句给您，一是曹丕的好一句"有美一人，婉如清扬"；一是孙绰的"碧玉破瓜时，郎为情颠倒"，成语小家碧玉便源自此诗呢。

河歌 于加拿大渥太华

善哉行·有美一人

作者：曹丕【魏】

有美一人，婉如清扬。
妍姿巧笑，和媚心肠。
知音识曲，善为乐方。
哀弦微妙，清气含芳。
流郑激楚，度宫中商。
感心动耳，绮丽难忘。
离鸟夕宿，在彼中洲。
延颈鼓翼，悲鸣相求。
眷然顾之，使我心愁。
嗟尔昔人，何以忘忧。

【概要】描叙了一个令人难忘的眉清目秀、善为乐声的年轻女子
形象。

【注释】

婉如：温顺美好。

清扬：指女子眉目的美丽。

妍姿：美丽的姿色。妍，美好。

巧笑：优美的笑。

和：温和。

媚：美好。

乐方：音乐的法度。

郑：郑声。春秋时郑国的乐曲通俗而生动。

楚：指古代楚国的曲调，音调激越。

度：按曲谱演奏。

宫、商：指乐律。古代音乐有宫、商、角、徵、羽五 个音阶。

中：符合。

中洲：即洲中。洲，水中高地。

延：伸。

眷然：含情脉脉的样子。

顾：看。

嗟尔：感叹词。尔，语词，无义。

昔人：古人，从前的人。

【译文】

有位美人，温文尔雅又眉清目秀。

她身姿姣好笑容妍媚，温馨迷人心地善良。

既知晓音律认识曲辞，还擅长拉琴奏曲。

琴声凄楚微妙，如花香流淌在清新的空气中。

委婉的郑曲和激昂的楚调，她弹得驾轻就熟。

悦耳的音乐动人心扉，其美妙绚丽令我难忘。

离群夜宿的鸟儿，泊在水中的小岛。
它伸颈鼓翅，发出哀鸣的相求。
怜悯地看着它，不禁让我忧伤。
昔日的美人啊，我如何能把你忘怀？

燕歌行二首

作者：曹丕 【魏】

其一

秋风萧瑟天气凉，草木摇落露为霜。
群燕辞归鹄南翔，念君客游多断肠。
慊慊思归恋故乡，君为淹留寄他方？
贱妾茕茕守空房，忧来思君不敢忘，不觉泪下沾衣裳。
援琴鸣弦发清商，短歌微吟不能长。
明月皎皎照我床，星汉西流夜未央。
牵牛织女遥相望，尔独何辜限河梁。

其二

别日何易会日难，山川悠远路漫漫。
郁陶思君未敢言，寄声浮云往不还。
涕零雨面毁容颜，谁能怀忧独不叹？
展诗清歌聊自宽，乐往哀来摧肺肝。
耿耿伏枕不能眠，披衣出户步东西，仰看星月观云间。

飞鸽晨鸣声可怜，留连顾怀不能存。

【概要】叙述了征人的妻子感物伤怀，想起在外的丈夫。心怀深忧，辗转反侧而愁怀难释。

【注释】
其一
燕歌行：乐府题目，属于《相和歌》中的《平调曲》。
摇落：凋残。
鹄：天鹅。
慊慊（qiàn qiàn）：空虚之感。一说失意不平的样子。
淹留：久留。
茕茕（qióng qióng）：孤单，孤独寂寞的样子。
不敢：谦虚客气的说法，实指不能、不会。
援：引，拿过来。
清商：乐名。东汉以来在民间曲调基础上形成的一种新乐调。
短歌：调类名，汉乐府有长歌行、短歌行，大概是长歌多表现慷慨激昂的情怀，短歌多表现低回哀伤的思绪。
夜未央：夜已深而未尽的时候。
尔：指牵牛、织女。
河梁：河上的桥。传说牵牛和织女隔着天河，只能在每年七月七日相见，乌鹊为他们搭桥。

其二
会日：聚会的日期。
郁陶（yáo）：忧思聚集的样子。

声：信息，音书。

展诗：赋呈或吟唱诗歌。

清歌：没有伴奏的独唱。

飞鸧（cāng）：即鸧鹒，在中国常见的黑枕黄鹂。

顾怀：眷顾怀念。

存：存想，思念。

【译文】

其一

秋风凄零天渐凉，草木凋落露成霜。

群燕天鹅向南飞，思君在外愁断肠。

寂寞思归想故乡，为何久留在他方。

令我孤单守空房，愁在心头把您想，不觉泪下湿衣裳。

把琴拨弦奏清商，短歌轻吟难释怀。

月光皎洁照我床，银河西转夜漫长。

牵牛织女远相望，两人为何隔条河。

其二

分别容易相见难，山川绵绵路慢慢。

默默思君不能语，寄信浮云去无还。

泪流如雨伤容颜，谁能怀忧不叹息？

吟诗清歌且自宽，乐去哀来心伤悲。

思君枕上难入眠，披衣户外来回踱，仰望星月在天际。

清晨黄鹂叫声哀，留恋眷顾不堪念。

秋胡行

作者：曹丕【魏】

泛泛渌池，中有浮萍。
寄身流波，随风靡倾。
芙蓉含芳，菡萏垂荣。
朝采其实，夕佩其英。
采之遗谁？所思在庭。
双鱼比目，鸳鸯交颈。
有美一人，婉如清扬。
知音识曲，善为乐方！

【概要】表达诗人对爱情的向往和追求。满眼浮萍、莲花，兴趣顿生采撷荷花和莲蓬，赠送给心目中美人。

【注释】
泛泛：漂浮貌；浮行貌。泛舟貌。广大无边际貌。

渌池：绿池。清澈的池塘。渌，水清。

寄身：托身。寄托身体。

靡倾：糜散倾倒。靡，分散。

菡萏（hàndàn）：古人称未开的荷花为菡萏。泛指荷花。

垂荣：垂下荣光。谓焕发光彩。

朝采：早晨采集。

其实：它的籽实。

夕佩：傍晚佩戴。

其英：它的华英或花朵。

遗谁：送谁。

所思：所思念的（人）。

比目：比目鱼。谓相比并而行。喻形影不离。

交颈：颈与颈相互依摩。多为雌雄动物之间的一种亲昵表示。比喻夫妻恩爱。

婉如：眼波流动如。宛若。宛如。

清扬：清澈激扬。清扬之水。

知音识曲：知晓音律认识曲辞。

善为：善于作为。

乐方：娱乐方式。音乐的方法。娱乐的一方。

【译文】

碧波荡漾的水池中，长有翠绿的浮萍。

托身于流波，随风四处漂散。

绽开的荷花饱含芬芳，待放的花苞初展倩姿。

早上把果实累累的莲蓬采撷，晚上佩戴诱人的荷花。

采撷它们赠给谁呢？所思的丽人在庭上。

愿与丽人双双如水中比目鱼，又做鸳鸯双交颈。

那位美人，温文尔雅又眉清目秀。

既知晓音律认识曲辞，还擅长于拉琴奏曲！

车遥遥篇

作者：傅玄 【西晋】

车遥遥兮马洋洋，追思君兮不可忘。
君安游兮西入秦，愿为影兮随君身。
君在阴兮影不见，君依光兮妾所愿。

【概要】这首诗是以一位妇人的口气所作的一首闺情诗。

【注释】

遥遥：言远去。

洋洋：同"扬扬"，通假字，得意的样子。

安：怎么，代词。

阴：暗处。

光：明处。

【译文】

想起渐渐远去的车和得意的马儿，追念离别的夫君啊不能忘怀。

你西入秦地如今在何方？我愿做影子随你身旁。

你如在暗处时影子会消失的，我望你永远依在光亮里。

室思

作者：徐干【汉魏】

沉阴结愁忧，愁忧为谁兴？
念与君相别，各在天一方。
良会未有期，中心摧且伤。
不聊忧餐食，慊慊常饥空。
端坐而无为，仿佛君容光。

峨峨高山首，悠悠万里道。
君去日已远，郁结令人老。
人生一世间，忽若暮春草。
时不可再得，何为自愁恼？
每诵昔鸿恩，贱躯焉足保。

浮云何洋洋，愿因通我词。
飘摇不可寄，徙倚徒相思。

人离皆复会，君独无返期。
自君之出矣，明镜暗不治。
思君如流水，何有穷已时。

惨惨时节尽，兰华凋复零。
喟然长叹息，君期慰我情。
辗转不能寐，长夜何绵绵。
蹑履起出户，仰观三星连。
自恨志不遂，泣涕如涌泉。

思君见巾栉，以益我劳勤。
安得鸿鸾羽，觏此心中人。
诚心亮不遂，搔首立悁悁。
何言一不见，复会无因缘。
故如比目鱼，今隔如参辰。

人靡不有初，想君能终之？
别来历年岁，旧恩何可期。
重新而忘故，君子所尤讥。
寄身虽在远，岂忘君须臾。
既厚不为薄，想君时见思。

【概要】妻子对久别在外的丈夫的思念。

【注释】
沉阴：形容忧伤的样子。
不聊：不是因为。聊，赖，因。

飧（sūn 孙）：熟食。

慊慊（qiàn 欠）：空虚不满的样子。

郁结：沉郁纠结，指忧愁痛苦之深。

诵：忆念。

贱躯：妇女自指。

洋洋：舒卷自如的样子。

通我辞：为我通辞，传话给远方的人。

徒倚：低徊流连的样子。徒：空自，白白地。

不治：不修整，这里指不揩拭。

兰华：即兰花。华字古义作花。

十喟（kuì）然：伤心的样子。

期，期待，盼望。

蹑履：穿鞋而不提后帮，即俗所谓趿拉。

三星：即参星。

巾栉（jié 节）：手巾、篦子，泛指洗梳用具。

益：增添。

觏（gòu 够）：遇见。

亮：实在，诚然。

不遂：不能如愿。

悁悁：忧劳的样子。

故：从前。

比目鱼：指鲽鱼和鲆鱼。古人常以比目鱼来比喻恩爱夫妻。

参辰：二星名，参在西方，辰在东方，两星出没互不相见。

靡：无。

初：开始。

期：期待，希望。

尤讥：谴责，讥刺。尤，责怪。

须臾：片刻。

【译文】

沉湎伤感多忧愁，忧愁深深为了谁？
想念与君相别离，天各一方两茫茫。
不知何时能相见，心中急切而忧伤。
不为担忧缺少食，寂寞难耐如饥饿。
静静端坐不做活，一心念想君容颜。

夫君离别多时日，忧思渐增使人老。
人生一世如瞬间，短暂恍若暮春草。
时光逝去不再来，为何自己寻烦恼？
每每念及君鸿恩，哪里顾及妾贱身。

浮云悠然飘何方，我愿借它捎句话。
飘忽不定难寄托，我自徘徊空相思。
他人别离均团聚，唯独夫君无归期。
自从那日你离家，明镜积灰不擦拭。
念君浓情如流水，何年何月有尽头。

伤心时节匆匆去，兰花凋残又零落。
郁闷哀怜长叹息，盼君能慰我心愿。
辗转反侧不能眠，长夜漫漫何其长。
拖着鞋子出门外，仰望参星连一线。
自恨心愿不能遂，泪水涟涟如泉涌。

见你所用梳洗物，使我忧痛愈发深。

何得大雁凤凰羽，借此飞向心上人。
心知肚明愿难随，搔首挠耳人忧伤。
何言一旦分别后，再要相见无情缘。
相守曾如比目鱼，今日遥如参辰星。

人的情缘开头易，相信夫君能善终？
你我别离已多年，如何期待恩如旧。
偏爱新人忘旧情，仁人所责而不耻。
虽然你身在远方，我没片刻把你忘。
我有浓情难疏薄，想君也常把我思。

定情诗

作者：繁钦【魏晋】

我出东门游，邂逅承清尘。
思君即幽房，侍寝执衣巾。
时无桑中契，迫此路侧人。
我既媚君姿，君亦悦我颜。
何以致拳拳？绾臂双金环。
何以道殷勤？约指一双银。
何以致区区？耳中双明珠。
何以致叩叩？香囊系肘后。
何以致契阔？绕腕双跳脱。
何以结恩情？美玉缀罗缨。
何以结中心？素缕连双针。
何以结相于？金薄画搔头。
何以慰别离？耳后玳瑁钗。
何以答欢忻？纨素三条裙。
何以结愁悲？白绢双中衣。

与我期何所？乃期东山隅。

日旰兮不来，谷风吹我襦。

远望无所见，涕泣起踟蹰。

与我期何所？乃期山南阳。

日中兮不来，飘风吹我裳。

逍遥莫谁睹，望君愁我肠。

与我期何所？乃期西山侧。

日夕兮不来，踯躅长叹息。

远望凉风至，俯仰正衣服。

与我期何所？乃期山北岑。

日暮兮不来，凄风吹我襟。

望君不能坐，悲苦愁我心。

爱身以何为，惜我华色时。

中情既款款，然后克密期。

褰衣蹑茂草，谓君不我欺。

厕此丑陋质，徙倚无所之。

自伤失所欲，泪下如连丝。

【概要】这首诗用第一人称的口吻，来叙写爱情的欢悦和失恋的痛苦。

【注释】

定情：在此诗中为镇定其情的意思。

承：感激，承蒙。

清尘：车马扬起的灰尘。这里是用以指代对方。

迫：接近，遭遇。

媚：爱。

拳拳：真挚的感情。

绾（wǎn）：绕。

殷勤：内心深处无以言说之情。

约指：戒指。

区区：细致的情意。

叩叩：相互忠诚。

契阔：别后的思念。

跳脱：亦称条脱，即手镯。

中心：即中情。

素缕：白线。

相于：相爱。

金薄：金箔。

搔头：一本作"幧（qiāo）头"，即男子束发的绡（xiāo）头。

欢忻：即欢欣。

纨素：素白色的丝绢。

三条裙：指镶有三道花边的裙子。

白绢：一作"白发"。

期：约会。隅：角落。

日旰（gàn）：日落时。

谷风：山谷里的风。

山南阳：山的朝阳处。

莫谁睹：看不到任何人。

爱身：爱我。

惜：爱也。

华色时：正当年华，容色美好。

款款：形容感情的真挚和热烈。

褰衣：提起衣服,揭起衣裳。

蹑：踩；插进。放轻（脚步）。
克密期：定下幽会的日期。
厕：同"侧"。
丑陋质：失恋女子的自称。

【译文】

我出东门去游玩，不经意间遇见君。
盼望你来我闺房，愿持衣巾侍就寝。
我本与你没约定，因怕路旁人看见。
我慕郎君好风姿，郎君喜我美容颜。
何以示意我眷念？我臂缠绕双金环。
何以表达我殷勤？我指套有双银戒。
何以示意我真诚？我耳戴上双明珠。
何以示意我忠诚？我肘后系一香囊。
何以表达我思念？我腕套有双手镯。
何以连接你我情？缀有罗缨美佩玉。
何以连接你我心？白色丝绒双针缝。
何以连接你我爱？金箔来饰我发束。
何以慰藉别离苦？有我耳后玳瑁钗。
何以答谢欢悦情？三道花边白丝裙。
何以分享悲愁情？内衣里面缝白绢。
和我期约在哪里？约在东山角落里。
太阳落山你没来，谷风吹动我衣裳。
远远望去还不见，含泪垂落起犹疑。
和我期约在哪里？约在山南朝阳处。
等到中午你没来，大风吹动我衣裳。
左顾右盼不见人，顾望郎君愁我肠。

和我期约在哪里？约在西山之侧面。
日暮仍然不见你，不禁踯躅又叹息。
远望凉风刮过来，快快来把衣服加。
和我期约在哪里？约在山北小丘上。
日落又是不见你，只有凄风吹我衣。
盼望等待人不安，悲苦难耐愁我心。
爱我究竟为什么？爱我年华正好时。
内心款款生情意，你我方才定约期。
挽衣轻步茂草间，告诉自己你无欺。
如今容颜已丑陋，徘徊不知哪里去。
我失爱情自悲伤，泪如雨下涕不已。

情诗

作者：张华【西晋】

游目四野外，逍遥独延伫。
兰蕙缘清渠，繁华荫绿渚。
佳人不在兹，取此欲谁与？
巢居知风寒，穴处识阴雨。
不曾远离别，安知慕俦侣？

【概要】独处野外，想起美丽的妻子，深感伴侣的重要。

【注释】
四野：四方的原野。
延伫（yán zhù）：久立；久留。徘徊观望，犹豫不决。
兰蕙：兰、蕙均为香草名。
渚（zhǔ）：水中的小洲。

俦侣（chóu lǚ）：伴侣，朋辈。

兹：这、现在。

【译文】

放眼旷阔的原野，独自缓步徘徊张望。

兰草和蕙叶沿清清的水渠绽放，繁茂的花儿覆盖绿色的小水州。

美丽的妻子不在身边，摘取它们又赠给谁呢？

窝里的鸟儿能知道风的寒冷，地穴的活物能感知阴雨的凄苦。

没有经历过离别的人，哪知道羡慕爱侣相伴的那种情怀？

吴楚歌

作者：傅玄【西晋】

燕人美兮赵女佳，其室则迩兮限层崖。
云为车兮风为马，玉在山兮兰在野。
云无期兮风有止，思多端兮谁能理？

【概要】一首表现思慕佳人情感的诗。

【注释】

燕、赵：为二国名。古诗曰"燕赵多佳人"。

迩（ěr）：近。

限：隔着。

层崖：层层山崖。

玉、兰：用美玉和兰花比喻美人。

无期：指没有约定日期。

多端：多头绪，多方面。

【译文】

燕女漂亮啊赵女美好，住得虽近啊如隔着层层山崖。

我欲乘云车啊以风为马去寻她，她如深山里的玉啊僻野的兰花。

云有难遇日啊风有停止时，我诸多的思慕啊谁能为我理清？

咏怀·二妃游江滨

作者：阮籍【魏晋】

二妃游江滨，逍遥顺风翔。
交甫怀环佩，婉娈有芬芳。
猗靡情欢爱，千载不相忘。
倾城迷下蔡，容好结中肠。
感激生忧思，萱草树兰房。
膏沐为谁施，其雨怨朝阳。
如何金石交，一旦更离伤！

【**概要**】借神话故事描述爱情故事。

【**注释**】

《咏怀》：是阮籍一生所有诗作的总题，包括五言八十二首和四言十三首。

二妃：刘向的《列仙传》神话故事里的两神仙女。

交甫：郑交甫。《列仙传》神话故事里的男子。他与两神仙女相遇，并一见钟情。

婉娈（wǎn luán）：美貌，借指美女。

猗靡：婉曲缠绵之意。

下蔡：地名。

"倾城"和"迷下蔡"：皆形容女子的绝世美貌。

萱草：即谖草，据说见之可以忘记忧伤，故又名忘忧草。

兰房：犹言香闺，即妇女居室。

膏沐：古代妇女用的发油。洗沐。

【译文】

两位神女江边游，顺风飘舞好逍遥。
交甫怀中藏环佩，美丽神女散芬芳。
婉约缠绵情爱欢，永世长思不相忘。
绝世佳人迷一方，姣好容貌印在心。
佳人为爱生忧伤，觅得萱草栽闺房。
沐浴梳妆为了谁，每逢下雨怨太阳。
如何情坚像金石，旦夕之间成离伤！

咏怀·西方有佳人

作者：阮籍【魏晋】

西方有佳人，皎若白日光。
被服纤罗衣，左右佩双璜。
修容耀姿美，顺风振微芳。
登高眺所思，举袂当朝阳。
寄颜云霄间，挥袖凌虚翔。
飘飖恍惚中，流眄顾我傍。
悦怿未交接，晤言用感伤。

【概要】展现出美人凌空飘舞的轻盈美姿和远眺近盼的相思多
情。

【注释】
被：过去"被"是作为动词用，有覆包裹的意思。
纤罗：为细薄透气的丝织品。

璜：半壁形的玉。

寄：托付。

凌虚：升向高空或高高地在空中。

流眄（liú miǎn）：眼睛转动的样子。

悦怿（yuè yì）：欢乐；愉快。

晤（wù）：又相遇，见面。

言，在这里是个语助词，没有交谈的意思见面谈话。

用：因此。

乖：背离，不协调统一。引申指差别、不同。

【译文】

有一佳人在西方，皎洁灿烂若太阳。

穿着精美丝罗衣，佩戴一双半璧玉。

画容秀姿不胜美，清风拂面送幽香。

登高眺望思远方，举袖眼前挡朝阳。

寄托身影云霄间，挥舞衣袖凌空翔。

恍惚迷离空中飘，又似顾盼在我旁。

未与美人相碰触，此番相见添伤感。

七哀诗

作者：曹植【魏晋】

明月照高楼，流光正徘徊。

上有愁思妇，悲叹有余哀。

借问叹者谁？言是宕子妻。

君行逾十年，孤妾常独栖。

君若清路尘，妾若浊水泥。

浮沉各异势，会合何时谐？

愿为西南风，长逝入君怀。

君怀良不开，贱妾当何依？

【概要】描写思妇在月下感怀夫君久别不归、自己孑身一人无依靠。

【注释】

七哀：该篇是闺怨诗，也可能借此"讽君"。七哀作为一种乐府新题，起于汉末。

流光：洒下的月光。

余哀：不尽的忧伤。

宕（dàng）子：荡子。指离乡外游，久而不归之人。

逾：超过。

独栖（qī）：孤独一个人居住。

清：形容路上尘。

浊（zhuó）：形容水中泥。

逝：往。

君怀：指宕子的心。

良：很久，早已。

【译文】

明月皓皓照高楼，流连月光正徘徊。

思妇高楼月下愁，悲叹哀伤无尽头。

请问叹者是何人？说是不归之人妻。

夫君出外十多年，为妻常常独一人。

夫君就像路上尘，为妻就如污水泥。

清尘上扬泥下沉，你我如何能会合？

我愿化作西南风，远来投入夫君怀。

夫君怀抱久不开，为妻又要依靠谁？

洛神赋·余情悦其淑美兮

作者：曹植【魏晋】

余情悦其淑美兮，心振荡而不怡。
无良媒以接欢兮，托微波而通辞。
愿诚素之先达兮，解玉佩以要之。
嗟佳人之信修兮，羌习礼而明诗。
抗琼珶以和予兮，指潜渊而为期。
执眷眷之款实兮，惧斯灵之我欺。
感交甫之弃言兮，怅犹豫而狐疑。
收和颜而静志兮，申礼防以自持。

【概要】摘自《洛神赋》。表达钟情于心仪的美人但又怕受欺
骗。

【注释】
殆：通"怠"，懈怠。一说指危险。烦：疲乏。

余：其本义是我的意思。

不怡：指不乐。

接欢：接通二者间的欢乐之情。

微波：微小的波浪。

通辞：传递爱慕的话。

诚素： 真情。

先达：首先去表达。

要（yao）： 同"邀"。邀请。

嗟（jiē）：最初一般为叹词，意思是表示忧感。

信修：本义是指确实美好。"修"有美好之义。

琼琚： 美玉。

眷眷：指反顾的样子，依依不舍；一心一意。

款实：真诚。

斯：指这。

礼防：礼节法度。

【译文】

我钟情于她的淑美，不觉心中激荡而不宁静。

因没有好媒人去说情，只能借助水波传递爱慕的话语。

为率先表达我的真诚，我解下玉佩向她发出邀请。

叹佳人实在美好，既明礼义又善诗辞。

她举着美玉向我作出回答，并指着深深的流水为期约。

我怀着一心一意的真诚，又恐受这位神女的欺骗。

因有感于交甫曾遇神女的背弃诺言之事，心中不觉惆怅犹疑。

于是我敛容定神，效礼义而克制自己。

饮马长城窟行

作者：陈琳【魏晋】

饮马长城窟，水寒伤马骨。
往谓长城吏，慎莫稽留太原卒！
官作自有程，举筑谐汝声！
男儿宁当格斗死，何能怫郁筑长城。
长城何连连，连连三千里。
边城多健少，内舍多寡妇。
作书与内舍，便嫁莫留住。
善事新姑嫜，时时念我故夫子！
报书往边地，君今出语一何鄙？
身在祸难中，何为稽留他家子？
生男慎莫举，生女哺用脯。
君独不见长城下，死人骸骨相撑拄。
结发行事君，慊慊心意关。
明知边地苦，贱妾何能久自全？

【概要】诗中用书信往返的对话形式，揭示了男女主人公的内心世界和他们彼此间地深深牵挂。

【注释】

长城窟，长城侧畔的泉眼。窟，泉窟，泉眼。

慎莫：恳请语气，千万不要。慎，小心，千万。

稽留：滞留，阻留，指延长服役期限。

官作：官府的工程，指筑城任务而言。程：期限。

筑：夯类等筑土工具。

谐汝声：喊齐你们打夯的号子。

怫（fú）郁：烦闷，憋着气。

连连：形容长而连绵不断的样子。

健少：健壮的年轻人。

内舍：指戍卒的家中。

寡妇：指役夫们的妻子，古时凡独居守候丈夫的妇人皆可称为寡妇。

事：侍奉。

姑嫜（zhāng）：婆婆和公公。

故夫子：旧日的丈夫。

报书：回信。

鄙：粗野，浅薄，不通情理。

他家子：犹言别人家女子，这里指自己的妻子。

举：指古代给初生婴儿的洗沐礼，后世一般用为"抚养"之义。

哺：喂养。

脯：干肉，腊肉。

撑拄：支架。骸骨相互撑拄，可见死人之多。

结发：指十五岁，古时女子十五岁开始用笄结发，表示成年。

行：句中助词，如同现代汉语的"来"。

慊慊（qiàn）：空虚苦闷的样子，这里指两地思念。

关：牵连。

久自全：长久地保全自己。自全，独自活着。

【译文】

牵马儿到长城下的泉眼喝水，那里的水凉到了马的骨头里。

筑城役卒往见监修官恳求他："千万不要让我们这些太原的役卒滞留在此！"

（官）："官府的工程自有期限，快一起喊那夯号干活去！"

（卒）："男子汉宁愿与敌人厮杀而死，怎能这样憋屈的天天修长城。"

长城是那么蜿蜒曲折，一直连绵三千里。

长城边多是健壮的年轻男人，家乡大多剩下独居的女人。

筑城役卒给家妻写信："你改嫁吧，不必留在家里等了。

你要好好服侍新的公婆，也时时想念着旧男人啊！"

妻子在送往边地的信中说："你这时候说出这么浅薄的话来？"

（丈夫）："我自己处在祸难中，为什么要拖累人家的女儿呢？

将来你生男孩千万不要养；如生下女孩，就用干肉精心抚养吧！

你难道没看见长城下面，尸骨累累堆积如丘吗？"

（妻子）："嫁给你就该随着你，我心苦闷但时时牵挂你啊。

明明知道边地的艰苦，我怎能图谋长久保全自己呢？"

古艳歌

作者：佚名【魏晋】

茕茕白兔，东走西顾。
衣不如新，人不如故。

【概要】写弃妇被迫出走，犹如孤苦的白兔。

【注释】
茕茕：孤独无依的样子。

【译文】
犹如那孤苦的白兔，往东去却又往西顾。
旧衣服不如新的好，人还是旧人胜新人啊。

合欢诗·其一

作者：杨方【东晋】

虎啸谷风起，龙跃景云浮。
同声好相应，同气自相求。
我情与子亲，譬如影追躯。
食共并根穗，饮共连理杯。
衣用双丝绢，寝共无缝裯。
居愿接膝坐，行愿携手趋。
子静我不动，子游我无留。
齐彼同心鸟，譬此比目鱼。
情至断金石，胶漆未为牢。
但愿长无别，合形作一躯。
生为并身物，死为同棺灰。
秦氏自言至，我情不可俦。

【概要】借一位新妇口吻，抒写了对"合欢"生活热烈美好的憧憬。

【注释】

并根穗：同根的谷穗。

连理杯：旧时结婚，新夫妇合饮之杯。喻结为夫妻或夫妇情好。

双丝绢：经线是双丝、纬线是单丝织成的绢。

居：本义是蹲着、闲坐。引申指居住。

趋：快走。

同心鸟：传说中的鸟，古人以为祥瑞的象征。是爱情的象征。

比目鱼：一种身体扁平，两眼长在头一侧的浅海鱼。

胶漆：胶和漆，是两种最具黏性的东西。

秦氏自言至：意思是秦氏的《赠妇诗》，感情已经很深了。秦氏，指汉代的官员和诗人秦嘉。

俦：读 chóu，相比。

【译文】

老虎长啸谷风起，蛟龙腾跃彩云飘。

你我同声相呼应，夫唱妇随两相求。

我情与君最深厚，犹如影子追身躯。

吃饭共吃同根穗，喝水共用连理杯。

穿衣共穿双丝绢，就寝共用无缝绸。

坐愿双双连膝坐，走愿成对牵手行。

你若安静我不动，你若出游我相随。

比翼要像同心鸟，并游要像比目鱼。

情至深处断金石，两情牢靠胜胶漆。

但愿到老不分离，两人化为一躯体。

生时变为连体物，死后成为同棺灰。
秦氏自言爱切切，我情之深不可比。

悼亡诗·其一

作者：潘安【魏晋】

荏苒冬春谢，寒暑忽流易。
之子归穷泉，重壤永幽隔。
私怀谁克从，淹留亦何益。
僶俛恭朝命，回心反初役。
望庐思其人，入室想所历。
帏屏无髣髴，翰墨有馀迹。
流芳未及歇，遗挂犹在壁。
怅恍如或存，回惶忡惊惕。
如彼翰林鸟，双栖一朝只。
如彼游川鱼，比目中路析。
春风缘隙来，晨霤承檐滴。
寝息何时忘，沈忧日盈积。
庶几有时衰，庄缶犹可击。

【概要】为追悼亡妻而作。悼亡之诗风，由此始也。妻子逝去已一年，仍思恋伤感不能自拔。

【注释】

荏苒（rěn rǎn）：逐渐。

谢：去。

流易：消逝、变换。

之子：那个人，指妻子。

穷泉：深泉，指地下。

重壤：层层土壤。

永：长。

幽隔：被幽冥之道阻隔。

私怀：私心，指悼念亡妻的心情。

克：能。

谁克从：即克从谁，能跟谁说？从：随。

淹留：久留，指滞留在家不赴任。

亦何益：又有什么好处。

俛俛（mǐn miǎn 闽免）：勉力。

朝命：朝廷的命令。

回心：转念。

初役：原任官职。

庐：房屋。

室：里屋。

所历：指亡妻过去的生活。历：经过。

帏屏：帐帏和屏风。

髣髴（fǎng fú）：相似的形影。

无髣髴：帏屏之间连亡妻的仿佛形影也见不到。

翰墨：笔墨。

流芳：散发香气。

怅恍（huǎng）：恍忽。

如或存：好像还活着。

回惶：惶恐。

忡（chōng 充）：忧。

惕：惧。

翰林：鸟栖之林。

比目：鱼名，成双即行，单只不行。

析，一本作拆，分开。

缘：循。

霤（liù 溜）：屋上流下来的水。

承檐滴：顺着屋檐流。

寝息：睡觉休息。

盈积：众多的样子。

沈忧：意思是深忧。意指忧心忡忡。

庶几：但愿。表示希望。

衰：减。

庄：指庄周。

缶：瓦盆，古时一种打击乐器。《庄子·至乐》："庄子妻死，惠子吊之，庄子则方箕踞鼓盆而歌。"认为死亡是自然变化，何必悲伤！

【译文】

冬春两季渐已去，寒暑不觉已变换。

我妻已逝归黄泉，层层尘土隔幽冥。

我思爱妻谁能诉，滞留家中有何益。

勉强恭从朝廷令，收敛心意回原职。
眼望旧居把她想，入室勾起以往事。
帷屏之侧她无影，生前笔迹犹尚存。
香气清幽未全消，遗物还挂墙壁上。
恍惚觉得她在世，令我惶恐又惊惧。
犹如栖息林中鸟，入夜一对早一只。
又如水中比目鱼，双游双泳徒分开。
春风见隙吹进屋，早上屋檐水滴答。
睡眠歇息未忘她，忧心仲仲日渐浓。
愿我伤悲有消时，当学庄周击瓦盆。

悼亡诗·其二

作者：潘安【魏晋】

皎皎窗中月，照我室南端。
清商应秋至，溽暑随节阑。
凛凛凉风升，始觉夏衾单。
岂曰无重纩，谁与同岁寒。
岁寒无与同，朗月何胧胧。
展转眄枕席，长簟竟床空。
床空委清尘，室虚来悲风。
独无李氏灵，髣髴覩尔容。
抚衿长叹息，不觉涕沾胸。
沾胸安能已，悲怀从中起。
寝兴目存形，遗音犹在耳。
上惭东门吴，下愧蒙庄子。
赋诗欲言志，此志难具纪。
命也可奈何，长戚自令鄙。

【概要】妻子逝去已一年，仍思恋伤感不能自拔。

【注释】

清商：指秋天肃杀的西风。古代以五音之一的商声配秋天。故称秋为商秋，西风为清商。

溽暑：湿热。

阑（[lán]）：将尽。

衾（qīn）：被也。

重纩（kuàng）：厚丝绵。亦指用厚丝绵制的衣被。纩：丝绵。

簟（diàn）：竹席。

眄（xì）：看。

独无：犹言难道没有。

李氏：指汉武帝宠妃李夫人。她死后，方士李少君说能让她显灵，果然让武帝见到李夫人的样子。

髣髴（fǎng fú）：隐约，依稀。

东门吴：《列子》载，魏有东门吴者，死子而不哭。

具纪：具体描述、解释的意思。

【译文】

窗中皎皎明月光，照我寝室之南端。
肃杀西风随秋至，湿热夏季已将尽。
瑟瑟凉风吹起来，始觉夏被已单薄。
哪说没有厚被子，只是没人陪寒夜。
冬季无人陪伴我，明郎月亮也昏暗。
来回反复看床榻，长席之上空荡荡。
清冷空床积灰尘，空洞房间起悲风。
可像李氏把灵显？让我隐约窥见您。
抚着衣领长叹息，不知不觉泪水落。

泪湿胸口思难停，满怀悲伤心中起。
睡醒眼前留形貌，您的话音犹在耳。
我既愧对东门吴，又当愧对庄子周。
无可奈何命与此，长久凄切自谴责。

悼亡诗·其三

作者：潘安【魏晋】

曜灵运天机，四节代迁逝。
凄凄朝露凝，烈烈夕风厉。
奈何悼淑俪，仪容永潜翳。
念此如昨日，谁知已卒岁。
改服从朝政，哀心寄私制。
茵帱张故房，朔望临尔祭。
尔祭讵几时，朔望忽复尽。
衾裳一毁撤，千载不复引。
亹亹朞月周，戚戚弥相愍。
悲怀感物来，泣涕应情陨。
驾言陟东阜，望坟思纡轸。
徘徊墟墓间，欲去复不忍。
徘徊不忍去，徙倚步踟蹰。
落叶委埏侧，枯荄带坟隅。

孤魂独茕茕，安知灵与无。
投心遵朝命，挥涕强就车。
谁谓帝宫远，路极悲有余。

【概要】妻子逝去已一年，仍思恋伤感不能自拔。

【注释】

曜灵（yào líng）：意思是指太阳。

迁逝：迁移，离去。消逝，流失。

淑俪：佳偶。

潜翳（qián yì）：意思是隐蔽；隐藏。

卒岁：度过年终。 度过岁月。 终年，整年。

私制：私人的礼法。

帱茵（chóu yīn）：帐褥。

朔望：意为农历每月的初一和十五。

临祭：身临祭祀。

讵：岂，难道。

衾裳（qīn cháng）：指灵筵被裳。

亹亹（wěi wěi）：形容勤勉不倦。向前推移、行进。

朞：一周年，一整月。

弥：更加。

慇：是指忧患、痛心的事。

陟（zhì）：从低处走向高处。

纡轸：抑郁而痛苦。

驾言：驾，乘车。言：此为语助词。

徙倚（xǐ yǐ）：徘徊，来回地走。

踟蹰：徘徊，心中犹疑，要走不走的样子。

埏（yán）：地的边际。墓道。

枯荄（kū gāi）：干枯的草根。

茕茕（qióng qióng）：忧思的样子，孤独无依的样子。

【译文】

太阳运行循天机，四季消逝不停歇。

草木凄凄凝朝露，晚风劲刮咧咧声。

怎样悼念佳偶您，仪容长久藏我心。

与您永别如昨日，谁知已经过一年。

换衣回朝忙朝政，对您哀情收心底。

我在老房挂帐褥，良辰吉日祭奠您。

您刚去世才多久，祭奠忽然全结束。

灵筵被裳已销毁，从此不会再拿出。

时光匆匆已一年，凄凄伤痛更悲切。

悲伤情怀因感物，眼泪汪汪应情落。

驾车登上东边山，望您坟头心伤痛。

左右徘徊您墓间，想要离去心不忍。

左右徘徊不忍去，来来回回心犹疑。

秋叶撒落墓道侧，枯草根缠墓角落。

我像孤魂野鬼样，不知我有魂魄否？

心里放着朝廷事，擦去眼泪强上车。

谁说皇宫路遥远，我心悲伤更辽远。

读曲歌

作者：佚名【南北朝】

其一
柳树得春风，一低复一昂。
谁能空相忆，独眠度三阳。

其二
思欢不得来，抱被空中语。
月没星不亮，持底明侬绪。

其三
一夕就郎宿，通夜语不息。
黄檗万里路，道苦真无极。

其四
打杀长鸣鸡，弹去乌臼鸟。
愿得连暝不复曙，一年都一晓。

其五
逋发不可料，憔悴为谁睹。
欲知相忆时，但看裙带缓几许。

其六
怜欢敢唤名，念欢不呼字。
连唤欢复欢，两誓不相弃。

其七
暂出白门前，杨柳可藏乌。
欢作沉水香，侬作博山炉。

其八
登店卖三葛，郎来买丈余。
合匹与郎去，谁解断粗疏。

其九
千叶红芙蓉，照灼绿水边。
余花任郎摘，慎莫罢侬莲。

【概要】选自南北朝的《读曲歌》，表达爱的深，思的切，情的痴。

【注释】

其一

一低：一低伏。

复：又，再。

一昂：一昂起。风吹貌。

空：空自。

相忆：相思；想念。

三阳：指春天。也指农历正月。

其二

抱被：怀中搂抱着睡被。

空中语：言无人与之对话而自言自语，"空"字，室中空无人。

持底：到底。

侬：我。

其三

一夕：一夜。

就：靠就，就近。

郎：郎君。

宿：止宿，睡觉。

通夜：通宵，整夜。

语不息：话语不息止。

黄檗（bò）：亦作"黄柏"。落叶乔木。木心苦涩。喻辛苦。

真无极：真是无极限。

其四

弹去：用弹丸除去。

臼（jiù）：本义是指舂米用的捣缸，引申为形状像臼。

瞑：夜晚。

连冥：连续的黑夜。

不复：不再。

曙：天亮，破晓

都：总。全，完全。

一晓：一个拂晓。一次天明。

其五

逋（bū）：本意为逃亡，另引申有拖欠、拖延的意思。

逋发：是指女人的长发久不梳理的蓬乱样子。乱发。

料：处理、整理。

其六

怜：怜惜。恋惜。

欢：喜欢之人。爱人。

敢唤名：古人一般不直呼姓名。不礼貌。敢直呼其名，说明很亲密。

念欢：思念爱人。

不呼字：古人一般都礼貌地称呼人的字。不呼字，怨也。

连唤：（只是）连声呼唤。

复：又。再。

两誓：两人曾发誓。

相弃：互相抛弃。

其七

白门：即古南京的白下门。

乌：既可戏指乌血鸟，又可称头戴乌帽的青年。

欢：女子对所爱的男子的称谓。

沈水香：是一种有名的薰香料，又称沉香或蜜香。

博山炉：炉面刻有重叠的山形及奇禽怪兽等，是有名的香炉。

其八

登店：登上店堂。

三葛：莫非指葛布，葛帐，葛衣？

丈余：一丈有余。

合匹：整匹布。合，全部，整个。

与郎去：许与情郎拿去。让情郎拿去。

粗疏：指又粗又稀疏的葛布。双关语：断绝和疏远。

其九

千叶：千张叶子。形容花瓣重迭繁多。

照灼：照耀灼映。光芒四射；闪耀。

余花：多余的花朵。

任郎摘：任凭郎君采摘。

慎：千万。

罢：停止。

侬莲：我的莲子。莲，双关，意为苦恋。

【译文】

其一

春风里的柳树，一起一伏地摇曳。

谁能无望地相思，一人孤眠地度过春日？

其二
思念中的情郎未来相聚，怀中抱着被子自言自语。
不见月儿星星不亮，你到底知否我的心绪？

其三
往情郎那里共度一夜，通宵的话语停不下来。
路途遥远之辛苦如黄柏的苦涩，郁结心头之苦无法说尽。

其四
想要杀了那爱报晓的公鸡，用弹丸赶走那鸣叫的乌臼鸟。
只愿黑夜连着黑夜永不天亮，让一年只有一次天明。

其五
一头乱发不梳理，憔悴模样让谁看。
要知相思几多时，但看裙带渐宽人消瘦。

其六
疼郎不敢唤他名，想郎不愿呼他字。
连声叫唤欢呀欢，两人发誓不相忘。

其七
方才走出"白门"外，便是茂密的杨柳林，可与情郎躲迷藏。
我愿做迷人的蜜香，你做珍奇的香炉，让你我散放出欢爱的郁
香。

其八
我到店里卖葛布，情郎来买一丈多。

我将整匹布都让他拿去，他怎懂葛布之粗疏？

其九
千片绿叶簇拥着红莲，红莲朵朵照耀在碧水中间。
别的花朵任郎君去采摘，千万不要停留在我的莲花旁。

子夜歌·第一部分

作者：子夜【晋代】

落日出前门，瞻瞩见子度。
冶容多姿鬓，芳香已盈路。
芳是香所为，冶容不敢当。
天不绝人愿，故使侬见郎。
宿昔不梳头，丝发披两肩。
婉伸郎膝上，何处不可怜。
自从别欢来，奁器了不开。
头乱不敢理，粉拂生黄衣。
崎岖相怨慕，始获风云通。
玉林语石阙，悲思两心同。
见娘喜容媚，愿得结金兰。
空织无经纬，求匹理自难。
始欲识郎时，两心望如一。
理丝入残机，何悟不成匹。

前丝断缠绵，意欲结交情。
春蚕易感化，丝子已复生。
今夕已欢别，合会在何时？
明灯照空局，悠然未有期。
自从别郎来，何日不咨嗟。
黄檗郁成林，当奈苦心多。
高山种芙蓉，复经黄檗坞。
果得一莲时，流离婴辛苦。
朝思出前门，暮思还后渚。
语笑向谁道，腹中阴忆汝。
揽枕北窗卧，郎来就侬嬉。
小喜多唐突，相怜能几时？
驻箸不能食，蹇蹇步闱里。
投琼著局上，终日走博子。

【概要】这是一首长诗。编者将它分成了三部分以便于阅读。这是第一部分。整首诗将少男少女的青春热恋表现得淋漓尽致。那欢情之乐，离情之悲，相思之苦，浓缩了千百种复杂的人生感悟。

【注释】

瞻瞩（zhān zhǔ）：观看；注视；看视。

子：犹如"汝"，你。

度：同"踱"，过路。

宿昔：从前；往常。

欢：女方对所爱男子的称呼。

奁器（lián qì）：盛放梳妆用具的匣子。

了：全然，压根儿。

粉拂：即粉拍，敷粉时用以蘸粉拍脸。

黄衣：黄色霉苔。

怨慕：伤感思念。

玉林：意思是指仙境中的森林。

石阙（shí què）：石筑的阙。多立于宫庙陵墓之前。

见娘：看见姑娘。娘：对年轻女子的称呼。

容媚：容貌美好。容颜妩媚。

经纬：经线和纬线。织物的纵线和横线。

求匹：乞求布匹。喻乞求婚配。

理自难：整理丝线自然很难。

理丝：抽理蚕丝。

丝子：蚕丝。

空局：隐示棋盘上没有棋。

黄檗（bò）：俗作"黄柏"，落叶乔木。内皮色黄性寒味苦，

婴：是女子身上佩戴的颈饰，后来引申为佩戴，环绕，附着。

还后渚：从后面的河渚归还。

腹中：怀腹之中。

阴忆：阴郁地回忆。

唐突：形容嬉闹。

箸：筷子。

蹇蹇（jiǎn）：迟缓貌。

投琼：掷骰子。

局：本义是弯曲或局促，亦有棋盘之意。

博：古代一种棋戏。

【译文】

日落时分我出门，　巴望郎从这里过。
秀发艳容多姿色，　身上香气一路飘。
我身香气香料来，　夸我颜容不敢当。
老天不负我心愿，　让我有幸见爱郎。
往常不把头发梳，　长长青丝披两肩。
长丝款落情郎腿，　楚楚可爱让人怜。
自从与郎分别后，　梳妆镜匣不曾开。
头发乱了懒得理，　香粉拍上长黄霉。
思念愁苦多坎坷，　终于获得郎消息。
仙林灵阙相私语，　你我愁思心相同。
看见姑娘好容颜，　愿与姑娘结夫妻。
织机没有横竖丝，　自难织出布匹来。
当初结识郎君时，　我俩心愿都一样。
理好丝线上破机，　怎么知道不成匹。
已断丝线仍缠绵，　心中还愿结交情。
我如春蚕易动情，　蚕丝不尽情又生。
今天晚上欢别后，　不知何时再相会？
明灯照着空棋盘，　棋无子来见无期。
自从我与郎别离，　每日长吁又短叹。
苦涩黄柏长成林，　我心苦楚无奈何。
我往高山种荷花，　往返经过黄柏林。
难得荷花开一时，　一番奔波加辛苦。
早上想他出前门，　晚上想他河边回。
多少话语向谁说，　只能悄悄想着他。
抱枕躺卧北窗边，　情郎来了我欢喜。
小小欢喜多嬉闹，　相思相怜能多久。

停下筷子不进饭，缓缓踱步闺房里。
投掷骰子玩下棋，每天游戏度时日。

子夜歌·第二部分

作者：子夜【晋代】

郎为傍人取，负侬非一事。
摛门不安横，无复相关意。
年少当及时，嗟跎日就老。
若不信侬语，但看霜下草。
绿揽迮题锦，双裙今复开。
已许腰中带，谁共解罗衣。
常虑有贰意，欢今果不齐。
枯鱼就浊水，长与清流乖。
欢愁侬亦惨，郎笑我便喜。
不见连理树，异根同条起。
感欢初殷勤，叹子后辽落。
打金侧玳瑁，外艳里怀薄。
别后涕流连，相思情悲满。

忆子腹糜烂，肝肠尺寸断。
道近不得数，遂致盛寒违。
不见东流水，何时复西归。
谁能思不歌，谁能饥不食。
日冥当户倚，惆怅底不忆。
揽裙未结带，约眉出前窗。
罗裳易飘飏，小开骂春风。
举酒待相劝，酒还杯亦空。
愿因微觞会，心感色亦同。
夜觉百思缠，忧叹涕流襟。
徒怀倾筐情，郎谁明侬心。
侬年不及时，其於作乖离。
素不如浮萍，转动春风移。
夜长不得眠，转侧听更鼓。
无故欢相逢，使侬肝肠苦。

【概要】这是第二部分。

【注释】

摛（chi）：敞开、张开。

横：门闩。

迮（zé）：狭窄。

题锦：应指锦织物。此处更像指衣物。鲍令晖，南朝女诗人鲍令晖曾在《代葛沙门妻郭小玉诗》诗中写道："君子将遥役，遗我双题锦。临当欲去时。复留相思枕。"。

许：允许。一说除也。似以"允许"更配合下句。

解衣：指交欢。

连理树：喻相缠，性隐语。

许：音通"去"，除也。

解衣：指交欢。

连理树：喻相缠，

中带：古代妇女的内衣带。

罗衣：轻软丝织品制成的衣服。

枯鱼：困于涸辙之鱼。

异根：不同根。

连理树：两树交合在一起。

同条：长在同一枝条上。

子：在古代是尊称，相当于现在的"先生"。

辽落：疏远,冷漠。

打金：制作金银饰品；在民间开打金铺从事金银饰品制作的人。

侧：向旁边歪斜。侧靠。靠近。

玳瑁：爬行动物，形似龟。甲壳黄褐色，有黑斑和光泽，可做装饰品。亦指用其甲壳制成的装饰品。

侧：向旁边歪斜。侧靠。靠近。

外艳：外表艳丽。外面艳遇。

怀薄：怀着薄幸。内怀着淡薄。

道近：道路近。

不得数：不用计算。

遂致：导致。

寒违：指寒了人心。

底：止住;停滞。

不亿：形容其数甚多。

酒还：回敬酒。还，还礼。

亦：也。又。

愿因：愿意因循。我愿沿袭。

微觞会：微型的酒会。觞会，欢饮的期会。

心感：内心感应。

色亦同：脸色也...

侬年：我的年龄。

及时：适时。指男女已到婚嫁之年。

其於：其余。于其。

乖离：背离。离别；分离。

素：平素。向来。

浮萍：浮生在水面上的草本植物。比喻飘泊无定或变化无常。

【译文】

爱郎已为别人夫，诸多所为负我心。

留着大门未上闩，他也无意再关顾。

结婚当趁少年时，一旦延误人已老。

你若不信我所说，不妨看那霜下草。

我罩绿色窄锦衣，又将双裙穿身上。

已经默许内衣带，谁来与我共解衣。

我常担忧他二心，如今果然他移情。

困涸之鱼爱浊水，清新溪流他无缘。

他一發愁我伤心，他一開懷我就乐。

是否看见连理树，虽不同根枝相连。

感叹起初他殷勤，叹息随后他冷落。

甲壳给我金送人，外面光鲜内薄情。

别後終日淚洗面，把他思念满悲伤。

想他想得肚溃疡，想他想得肝肠断。

道路近得不用数，等他不见我心寒。

滔滔流水往东去，何时见它往西流。
誰相思时不唱歌，誰饥饿時不吃飯。
日落西山倚在門，心中惆帐不能消。
穿起裙子没繫带，草草描眉来窗前。
衣裳随風飘飘揚，窗扇半开怨春风。
举起杯来待劝酒，还未还酒杯已空。
相约对饮是我愿，心中所想显在脸。
夜里思绪万万千，悲伤叹息泪湿襟。
空怀满满一腔情，他却哪里知我心。
我的年纪已不小，只会使他离我去。
情好还不如浮萍，春风一吹就远移。
漫漫长夜睡不着，辗转反侧听更鼓。
不期而遇喜相逢，让我心中更悲苦。

子夜歌·第三部分

作者：子夜【晋代】

欢从何处来？端然有忧色。
三唤不一应，有何比松柏？
念爱情慊慊，倾倒无所惜。
重帘持自郭，谁知许厚薄。
气清明月朗，夜与君共嬉。
郎歌妙意曲，侬亦吐芳词。
惊风急素柯，白日渐微蒙。
郎怀幽闺性，侬亦恃春容。
夜长不得眠，明月何灼灼。
想闻散唤声，虚应空中诺。
人各既畴匹，我志独乖违。
风吹冬帘起，许时寒薄飞。
我念欢的的，子行由豫情。
雾露隐芙蓉，见莲不分明。

依作北辰星，千年无转移。
欢行白日心，朝东暮还西。
怜欢好情怀，移居作乡里。
桐树生门前，出入见梧子。
遣信欢不来，自往复不出。
金铜作芙蓉，莲子何能实。
初时非不密，其后日不如。
回头批栉脱，转觉薄志疏。
寝食不相忘，同坐复俱起。
玉藕金芙蓉，无称我莲子。
恃爱如欲进，含羞未肯前。
口朱发艳歌，玉指弄娇弦。
朝日照绮钱，光风动纨素。
巧笑蒨两犀，美目扬双蛾。

【概要】这是第三部分。

【注释】

松柏：松树与柏树。又指坟墓，因古人墓地多植松柏而得名。

念爱：思念爱意。

慊慊：为心不满足貌；不自满貌。诚敬貌。

倾倒：倒塌；倒下。

无所惜：没有什么可惜的。

重帘：几重门帘。

持自郭：保持着自行障碍。郭，障碍。

许：些许，几许。

素柯：本色的粗树枝。柯，草木的枝茎。

微濛：微微迷蒙。隐约迷蒙。

幽闺：幽深的闺门。深闺。多指女子的卧室。

性：性格，习性。性爱。

恃：仗恃。依仗。

春容：青春的容貌。犹春色，春天的景色。

既：已经。

畴匹：比配；匹敌。伴侣。

我志：我的志向。

乖违：乖戾违背。背离；违背。

冬帘：冬天的门帘。

许时：许诺之时。几许时刻。

寒薄：贫寒薄兴。寒霜薄雪。

我念：我思念。

欢：喜欢之人。

的的：的的确确。分明貌。

子行：他行为行动。

由豫：犹豫不决。

雾露：迷雾和浓露。

隐：隐藏。

芙蓉：荷的别名。

见莲：看莲花。

怜：爱。

作乡里：当邻居。

梧子：梧桐树的子实。这里是双关隐语，即吾子，指男方。

枇栉（pízhì）：篦子和梳子。梳理头发。

枇栉脱：梳子脱落。衰老憔悴也。

转觉：转眼感觉。

薄志：淡薄的志向。

疏：疏远。远去。

复：又。再。

俱起：同起。

玉藕：白玉般白嫩的莲藕。

金芙蓉：金色的芙蓉花。

无称：无可称述或称赞。无可相称。

我莲子：我这颗莲子。

恃爱：仗恃着恩爱。

如：若。好像。

欲进：想要前进。

未肯：不肯。

口朱：红唇的嘴。

发：发出。唱出。

艳歌：古乐府《艳歌行》的省称。

玉指：白玉般的手指。

弄：弄琴。拨弄。

娇弦：娇柔的琴弦。

绮钱：指刻镂有钱形图案的窗户。

光风：雨止日出时的和风。

纨素：洁白精致的细绢。素色的细绢。

巧笑：工巧的笑容。美好的笑。

蒨：同'茜'。

两犀：指上下牙齿。

双蛾：一双蛾眉。美女的两眉。蛾，蛾眉。

【译文】

爱人他从何处来？脸上神色带忧虑。
唤他多次不回应，难道何事要人命？
爱恋之深情怯怯，为情倾倒不足惜。
层层帘子遮在前，谁知帘子厚与薄？
天气晴朗月儿明，我俩夜里共嬉戏。
情郎放歌唱妙曲，我也芳唇和词句。
大风烈烈吹草木，天色渐渐亮起来。
情郎一副温柔相，我也脉脉含春色。
长夜漫漫睡不着，明月烁烁何其亮。
似有模糊唤我声，我神恍惚来应答。
别人各自有伴侣，唯独我心不如意。
风儿猛吹冬帘起，许诺之时霜雪至。
我想念你实在在，你却对我总犹豫。
好比雾中藏芙蓉，莲花隐约看不清。
我情像是北极星，千年万年都不变。
郎心好比天上日，早上东来晚在西。
爱他带着一片心，搬到附近做邻居。
门前就是梧桐树，进进出出见梧子。
给他去信不见来，从此不再出房门。
若那芙蓉金铜制，如何结出莲子来。
相识之初情切切，其后日渐不如前。
我再回头容憔悴，已觉心灰又意冷。
吃饭睡觉不忘他，坐卧行走像在旁。
无论玉藕金芙蓉，哪能相配我莲子。
依仗恩爱要向前，却带羞怯不踏足。
嫣红嘴儿唱艳曲，晶莹纤手挥琴弦。

早上阳光照窗户，微风轻吹白丝绢。
开怀倩笑露皓齿，美眉飞扬如双蛾。

古离别

作者：江淹【南北朝】

远与君别者，乃至雁门关。
黄云蔽千里，游子何时还。
送君如昨日，檐前露已团。
不惜蕙草晚，所悲道里寒。
君在天一涯，妾身长别离。
愿一见颜色，不异琼树枝。
菟丝及水萍，所寄终不移。

【概要】思念远在边关的丈夫。

【注释】

乃至：竟至。

雁门关：在今山西代县境内。是中国北方古代有名的军事重地。

黄云：指尘埃和云彩相连形成的景象。蔽：遮盖，挡。

游子：离家在外或久居异乡的人，这里指思妇的丈夫。

团：圆。

蕙（huì）草：香草名，秋初开红花，很香，俗名佩兰。

道里：路程，途中。

颜色：容貌。见颜色：指见上丈夫一面。

不异：相同。

琼树：传说中仙山上的树。

兔丝：即"菟丝"，一年生草本植物，茎细柔，呈丝状，常缠绕在树木或其他作物上生长。

萍：即浮萍，水生植物，叶浮水面上，下面有一条根。

所寄：萍寄托于水，菟丝寄托于树。

【译文】

夫君别我去远方，一走竟至雁门关。

滚滚黄尘遮千里，远方游子何时还。

送别夫君如昨日，但见屋檐已结露。

蕙草枯萎不足惜，我忧夫君路途寒。

你我天涯各一方，痛苦离别太久远。

但愿你我看一眼，赛过得到琼树枝。

菟丝绕树萍依水，与君情意永不变。

折杨柳歌辞

作者：佚名【南北朝】

其一
上马不捉鞭，反折杨柳枝。
蹀座吹长笛，愁杀行客儿。

其二
腹中愁不乐，愿作郎马鞭。
出入擐郎臂，蹀座郎膝边。

其三
放马两泉泽，忘不著连羁。
担鞍逐马走，何见得马骑。

其四
遥看孟津河，杨柳郁婆娑。

我是虏家儿，不解汉儿歌。

其五
健儿须快马，快马须健儿。
跸跋黄尘下，然后别雄雌。

【概要】 推测此诗有北方胡人所写，然后汉人翻译过来。第一首写胡人少年在等自己的情人。第二首是姑娘对少年的表白。第三首少年思慕情人心事重。第四首大概表达少年对汉人不甚了解。第五首写姑娘认为怎样的男儿才棒。

【注释】
捉鞭：拿起马鞭。捉：抓、拿。
蹀（dié）座：盘膝而坐（这应该是老和尚修行的一种方式）。
摆（huàn）：系，拴。
羁：马笼头。
逐：跟随。
孟津河：指孟津处的黄河。孟津：在河南孟县南。
郁：树木茂密状。
虏家儿：胡儿，古代汉族对北方少数民族之贬称。
跸跋：快马飞奔时马蹄击地声。
别雄雌：分高低、决胜负。

【译文】
其一
少年上马没去拿马鞭子，却去折杨柳树上的枝条。
他盘膝坐在马背上吹起了长笛，那笛声让过往行人顿生愁思。

其二

愁思自心中而起、让姑娘闷闷不乐，她愿做那少年的马鞭。

让他进进出出时绕在手臂上，他坐时能盘坐在他的身边。

其三

他在两泉泽的地方放马，竟然忘了给马套上笼头。

他背着马鞍随马走着，为何不见他骑马呢？

其四

遥看孟津河一带，茂密的杨柳树随风摇曳。

我是胡家的儿郎，不理解汉族男人的歌儿。

其五

健儿需要快马，快马需要健儿。

让那快马哔啵地飞奔，然后才能分出男儿本色高下。

东飞伯劳歌

作者：萧衍【南北朝】

东飞伯劳西飞燕，黄姑织女时相见。
谁家女儿对门居，开颜发艳照里闾。
南窗北牖挂明光，罗帷绮箔脂粉香。
女儿年几十五六，窈窕无双颜如玉。
三春已暮花从风，空留可怜与谁同。

【概要】描写了一位男子对一位少女的恋慕之情。

【注释】

伯劳：鸟的一种，是一种健壮的益鸟。
黄姑：牵牛星。
发艳：艳光照人。
闾[lú]：乡里。

牖［yǒu］：窗户。

明光：日光

绮箔：帷幔。

三春：农历正月称孟春，二月称仲春，三月称季春。

【译文】

伯劳鸟和燕子东飞又西飞，黄姑和织女常常相见。

对门是谁家的女儿呢，她迷人的笑脸和美丽的头发照亮了乡里。

日光照着她的南窗和北牖，她闺房的帷帐飘着脂粉的芳香。

芳龄十五六岁的少女，无比的窈窕、容颜如玉。

但三春过花儿凋，女儿尚没有夫家，这般美丽又有谁爱怜呢？

王孙游

作者：谢朓【南北朝】

绿草蔓如丝，杂树红英发。
无论君不归，君归芳已歇。

【概要】描写了暮春景象，抒发了少女对情人的思恋。

【注释】
蔓：蔓延。
英：花。
无论：莫说。

【译文】
绿草如丝蔓延大地，各色各样的树上开满了烂漫的红花。
莫说心上人儿未归，即使回来，那时春天的芳华也已经过去了。

芳树

作者：萧衍【南北朝】

绿树始摇芳，芳生非一叶。
一叶度春风，芳芳自相接。
色杂乱参差，众花纷重叠。
重叠不可思，思此谁能惬。

【概要】繁密的花色所引起的种种无人可体会的情思，点明女主人公对远方情郎的相思之情。

【注释】
度：过，经历。
参差：不齐。
惬：惬意，心情舒畅的意思。

【译文】

绿树在微风里散发着芳香，这芳香并非来自一片叶子。

当春风吹过一叶，芳香自然连成一片。

秋来时树叶变得色杂不齐，众花也纷纷而落。

满眼残花、惨不忍睹，这般年华易逝的感伤怎能让人心情舒畅。

有所思

作者：萧衍【南北朝】

谁言生离久，适意与君别。
衣上芳犹在，握里书未灭。
腰中双绮带，梦为同心结。
常恐所思露，瑶华未忍折。

【概要】描写女子与情人诀别时的悲思。

【注释】

适：才。

意：当作"忆"。

芳：情人留下的体香。

书：情人的书信。

绮带：绸带。

同心结：用锦带制成的菱形连环回文结，表示恩爱二之意。

所思：指自己思慕情人的感情。

瑶华：琼花，指情人。

【译文】

谁说离别已很久，却像昨日与君别。

芳香依然留衣上，情书依然手中握。

腰上所系双绸带，梦中化作同心结。

时常担心露心思，不折琼花送情人。

春思诗

作者：萧子云【南北朝】

春风荡罗帐，馀花落镜奁。
池荷正卷叶，庭柳复垂檐。
竹柏君自改，团扇妾方嫌。
谁能怜故素，终为泣新缣。

【概要】诗中的女主人公是一位弃妇，春日来临，触景伤情，既责怪前夫，又暗自为命运悲叹。

【注释】

馀花：残花。

镜奁（jìng lián）：镜匣。

竹柏：谓竹与柏。

团扇：又称合欢扇，最初寓意新婚夫妇的祝福。

素故：旧交。这里指"自己"。

新缣：形容妻妾、嫔妃的得宠、失意等。这里指"新人"。

【译文】

春风荡漾吹着深闺的帷帐，落花飘落在梳妆台上。

池中的荷花刚露尖尖角，庭院里的杨柳枝已垂落在窗沿。

夫君擅自改变了竹柏的忠贞之心，我讨厌遭遗弃的不幸。

有谁怜爱故旧呢？我终将被他的新欢取代而悲戚。

江南曲

作者：柳恽【南北朝】

汀洲采白苹，日落江南春。
洞庭有归客，潇湘逢故人。
故人何不返，春华复应晚。
不道新知乐，只言行路远。

【概要】这是一首闺怨诗。江南女子思念远方游子的怅惘忧伤之情。

【注释】

汀（tīng）洲：水中小洲。

白蘋（píng）：水草名。谷雨时始生，夏秋间开小白花。

日落：一作"日暖"。

洞庭：湖名。在长江南岸，湖南省北部。

归客：归乡之人。

故人：指女主人公的丈夫。

春华：春天的花。

复应：又将。

新知：指丈夫结交的新欢。

【译文】

水中小洲采白蘋，江南春日暖融融。

洞庭湖边有归客，潇湘之畔遇故人。

故人为何不返回？春花凋落季节晚。

故人不提结新欢，只说路途太遥远。

华山畿

作者：佚名【南北朝】

华山畿，华山畿，君既为侬死，独生为谁施？
欢若见怜时，棺木为侬开。

【概要】南朝时流行在长江下游的汉族民歌。相传当时有个女
子，在哀悼为她殉情而死的恋人时，唱了一首歌。

【注释】
畿（jī）：山边。
侬：我，吴地方言。
为谁施：为谁而活下去。施，施用。
欢：对情人的爱称。

【译文】
华山畿啊，华山畿，

你既然为我而死，我独自一人又怎会苟活？

若你可怜我，就将棺木为我打开（我愿意伴你共赴黄泉）。

采莲曲

作者：萧纲【南北朝】

晚日照空矶，采莲承晚晖。
风起湖难渡，莲多采未稀。
棹动芙蓉落，船移白鹭飞。
荷丝傍绕腕，菱角远牵衣。

【概要】采莲女劳动生活情态，以及她们对纯洁爱情的追求等。

【注释】

矶：水边突出的岩石或石滩。

棹：划船的一种工具，形状和桨差不多。

傍：依附。

【译文】

落日映照石滩上，晚霞沐浴采莲女。

湖面风起难划船，莲多采集不见稀。
木桨摇得荷花落，船儿移动白鹭飞。
荷丝绕着她手腕，菱角牵扯她衣襟。

作蚕丝

作者：佚名【南北朝】

其一
柔桑感阳风，阿娜婴兰妇。
垂条付绿叶，委体看女手。

其二
春蚕不应老，昼夜常怀丝。
何惜微躯尽，缠绵自有时。

其三
绩蚕初成茧，相思条女密。
投身汤水中，贵得共成匹。

其四
素丝非常质，屈折成绮罗。

敢辞机杼劳，但恐花色多。

【概要】 描绘了从采桑到织布的劳动过程，并以蚕丝比喻情丝。

【注释】

其一

柔桑：指嫩桑叶。始发芽的桑树。

阳风：阳气之风。东风，南风。

阿娜：柔美貌。阿，通"婀"。

婴兰妇：萦绕兰香的妇人。婴，触，缠绕。

垂条：下垂的枝条。低垂的枝条。

委体：委屈肢体。弯曲身体。

其二

不应老：不应当老去。

怀丝：怀吐蚕丝。双关，怀想思念。

何惜：有何可惜。何必怜惜。

微躯：微贱的身躯。常用作谦词。

尽：穷尽。终尽。

自有时：自然有时机或时节。

其三

绩蚕：吐丝作茧的蚕。怀丝的蚕。

绩：把麻纤维披开接续起来搓成线。

初成茧：刚刚作成蚕茧。

条女：因相思而苗条的女人。

密：多。稠密。

投身：将身体投入。犹舍身。置身。

汤水：热水；开水。缲丝用的热水。

贵得：可贵得以。

共成匹：共同制成绢匹。

其四

素丝：本色的丝；白丝。

非常质：非同平常的品质。

屈折：屈扭折叠。

绮：有文彩的丝织品。

罗：轻软有稀孔的丝织品。

敢辞：胆敢言辞。敢说。

机杼 zhù：织机和织梭。杼，织梭。

劳：劳顿。劳苦。

【译文】

其一

纤柔桑叶风中扬，姣美桑妇散兰香。

低垂枝条摇绿叶，轻抚桑妇纤纤手。

其二

殷勤春蚕不该老，日日夜夜在吐丝。

何必怜惜贱身躯，缠绕不断自有时。

其三

丝蚕方才做成茧，桑妇消瘦多相思。

蚕茧投入烫水中，经此历难共成娟。

其四
洁白丝绢非平常，可曲可折做绮罗。
不怕织布多辛劳，但愁郎君花花心。

碧玉歌

作者：孙绰【南北朝】

碧玉破瓜时，郎为情颠倒。
芙蓉凌霜荣，秋容故尚好。
碧玉小家女，不敢攀贵德。
感郎千金意，惭无倾城色。
碧玉小家女，不敢贵德攀。
感郎意气重，遂得结金兰。
碧玉破瓜时，相为情颠倒。
感郎不羞郎，回身就郎抱。

【概要】描写小户人家女嫁了显贵之人，真心相爱。"小家碧玉"成语出于此。

【注释】
碧玉：女子名字。

破瓜：女孩 16 岁。"瓜"分成两部分时，是两个"八"字。古人认为女子最好的年龄就是 16 岁，而两个八刚好就是十六。

金兰：此处借用 "金兰"喻示郎女相爱同心，恩义辉芳。

【译文】

碧玉我年芳十六初长成，有幸深得情郎的笃情爱意。

既是晚秋时节，我与郎的情意也如木芙蓉般顶霜艳放秋容尚好。

碧玉我是小户人家的女儿，本不敢高攀显贵德重之人。

我感激郎君的珍贵情意，自愧没有倾城之容貌。

碧玉我是小户人家的女儿，本不敢把德重显贵之人高攀。

我感激郎君的情款意笃，与我这般相爱同心、恩义辉芳。

碧玉我年芳十六初长成， 与他相互为情而神魂颠倒。

感激郎君的情意我不顾羞涩难堪，回身就把郎君来拥抱。

燕歌行

作者：谢灵运【南北朝】

孟冬初寒节气成，悲风人闺霜依庭。
秋蝉噪柳燕栖楹，念君行役怨边城。
君何崎岖久徂征，岂无膏沐感鹳鸣。
对君不乐泪沾缨，辟窗开幌弄秦筝。
调弦促柱多哀声，遥夜明月鉴帷屏。
谁知河汉浅且清，辗转思服悲明星。

【概要】是写女子怀念到燕地边塞戍役的丈夫的。

【注释】

孟冬：初冬。指农历十月。

悲风：容易引起人悲伤情绪的寒风。

闺：古代女子住的内室。

噪柳：在柳树上喧叫。

楹（yíng），从木，盈声。本义为厅堂前部的柱子。

辞楹（yíng）：在屋柱上筑巢准备过冬。

崎岖（qí qū）：本指道路高低不平，此喻命运艰难不顺。

徂征（cú zhēng），：出征。

膏沐：油膏脂粉等古代女子美容品。

鹳（guàn）：鹳雀，一种水鸟。

对君：疑是"思君"之误。魏文帝《燕歌行》日："忧来思君不敢忘，不觉泪下沾衣裳。"此诗拟之，故知是思君之误。

缨（yīng）：彩带。

辟：开。

幌（huǎng）：帷幔，窗帘。

弄：谈拨。

秦筝（qín zhēng）：一种形状像瑟的弦乐器。

促：旋紧。

维屏：帐幕和屏风。

河汉：银河。此用古诗"河汉清且浅，相去复几许。盈盈一水间，脉脉不得语"意，喻指夫妻不得团聚。

明星：指启明星，早晨出现于东方。

【译文】

初冬寒冷的天气已至，凄凉的风吹入闺房，寒霜洒在庭院里。

柳树上秋蝉发出无奈的鸣叫，燕子栖息在房柱上，我思念戍守边城的夫君，心中充满哀怨之情。

久赴边疆的生活该多么的艰苦，没有你在，哪有梳装打扮的欢愉热情。

天天想你泪水沾湿了衣襟，只好开窗撩帷，把秦筝来弹。

琴声悲切又哀婉，漫长的夜里只有月儿照进屏风，与我作伴。

谁知牛郎织女隔一道银河再难相见，我翻来覆去睡不着，怀着忧思望着星空。

白纻歌三首

作者：汤惠休【南北朝】

其一

琴瑟未调心已悲，任罗胜绮强自持。
忍思一舞望所思，将转未转恒如疑。
桃花水上春风出，舞袖逶迤鸾照日。
徘徊鹤转情艳逸，君为迎歌心如一。

其二

少年窈窕舞君前，容华艳艳将欲然。
为君娇凝复迁延，流目送笑不敢言。
长袖拂面心自煎，愿君流光及盛年。

其三

秋风袅袅入曲房，罗帐含月思心伤。
蟋蟀夜鸣断人肠，长夜思君心飞扬。

他人相思君相忘，锦衾瑶席为谁芳。

【概要】少女为情人而舞，为情惆怅。

【注释】
其一
任，胜任。担负。
胜：胜任。承受。
强自持：勉强自持。
望所思：盼望所思念的人。
恒如疑：总是好像在疑惑。
桃花水：即春汛。
逶 wēi 迤：曲折绵延貌。曲折行进貌。
鹤转：仙鹤转身（亮翅）。应是舞蹈动作名称之一。
艳逸：艳美飘逸。

其二
容华：容貌的精华；美丽的容颜。
艳艳：明媚艳丽貌。
然：这样。有说，将欲燃，将欲望燃烧。
娇凝：娇媚凝固。
复：又。
迁延：退却，后退。徘徊；停留不前貌。
流目：流转目光，流览。放眼随意观看。
拂面：拂拭面容。遮脸。
自煎：自己煎熬。
流光：谓福泽流传至后世。圣恩流动的光芒。

及盛年：到达（少年）盛壮之年。

其三

袅袅：轻盈纤美貌。摇曳貌；飘动貌。

曲房：曲折深邃的房间。内室，密室。

罗帐：轻软有稀孔的丝织品制成帷帐。

思心伤：思念的心悲伤。思想着心绪受伤的事。

断人肠：折断人的肠子。伤心欲绝。

思君：思念郎君。

飞扬：飘扬，飘荡。形容心神不安。

他人：别人，人家。‘我’的委婉说法。

相思：彼此想念。后多指男女相悦而无法接近所引起的想念。

相忘：互相忘记。

锦衾：织锦的衾被。锦缎的被子。

瑶席：瑶草编制的炕席。形容华美的席面。

芳：芳香。

【译文】

其一

未调好琴瑟心已悲凉，身穿罗绸强忍悲伤。

忍住思念舞一曲，心在遥望所思之人，身却将转未转总在迟疑。

如同桃花时节水上春风荡漾，舞袖翩翩、凤鸾伴日歌舞。

又如同仙鹤徘徊起舞、艳美飘逸，我为你而歌、心始终如一。

其二

窈窕的少年在你面前翩翩起舞，美丽的容颜实在难掩。

在你面前娇媚慢舞，目送秋波与微笑却不敢明说心意。

长袖掩面可内心煎熬，望你永远年少、与我在一起。

其三

秋风飘飘吹入深闺，在罗帐里对月思念你而心悲伤。

夜晚蟋蟀的鸣叫愁断人肠，在漫漫长夜里因思念着你心神不安。

我思念着你可你却将我相忘，为你准备的绣被垫褥又能谁用呢？

代夜坐吟

作者：鲍照【南北朝】

冬夜沉沉夜坐吟，含情未发已知心。
霜人幕，风度林。朱灯灭，朱颜寻。
体君歌，逐君音。不贵声，贵意深。

【概要】 写男女双方，虽未交一语，但彼此已神魂飞驰。

【注释】

代：拟，仿作。

夜坐吟：古乐府属《杂曲歌辞》。

沉沉：深沉。

幕：帘幕。

度：通"渡"，这里是吹过的意思。

寒：一本作"朱"。

朱颜：女子漂亮的容颜。

体：体会，领会。

君：男女都可以通用的。比如夫君，说的是男；君姑（古时妻子称丈夫的母亲），说的是女。

贵：以……为贵，看重。

声：指歌声。

【译文】

深沉的冬夜里你坐在那里吟唱，你的思情还未出口我已心知。

寒霜笼罩帷幕，冷风林中回荡。风吹灯灭时，来把红颜找。

懂你的歌，寻你的音。不在乎音乐的美妙，只看重情意之深长。

春日行

作者：鲍照【南北朝】

献岁发，吾将行。
春山茂，春日明。
园中鸟，多嘉声。
梅始发，柳始青。
泛舟舻，齐棹惊。
奏采菱，歌鹿鸣。
风微起，波微生。
弦亦发，酒亦倾。
入莲池，折桂枝。
芳袖动，芬叶披。
两相思，两不知。

【概要】描写在明媚的春光中男女青年郊游嬉戏的欢乐情景。

【注释】

献岁：即岁首，一年之始。

吾将行：此谓"我将出发春游"。

嘉声：形容鸟的鸣叫声十分动听。

齐棹：整齐地举起船浆。

【译文】

在新年之际，我去春游。

春天里的山林生机勃勃，阳光明媚。

园中的鸟儿，欢快地叫唤。

梅花含苞欲放，柳树的枝条已发青。

人们荡起了龙舟画舫，惊艳整齐地划着桨。

奏着《采菱》曲，唱着《鹿鸣》歌。

和煦的风轻轻地吹着，水中荡起了层层涟漪。

音乐阵阵，频频举杯。

小舟没入荷花池中，姑娘们攀折着荷花的桂枝。

透着香气的衣袖在那里飘动，香草的叶子倒向小舟的两边。

男女在爱慕相思着，但不知道对方也在思恋。

拟客从远方来

作者：鲍令晖【南北朝】

客从远方来，赠我漆鸣琴。
木有相思文，弦有别离音。
终身执此调，岁寒不改心。
愿作阳春曲，宫商长相寻。

【概要】 鲍令晖是当时有名的才女。此篇应为表现出妻子对远方丈夫的坚贞和忠诚。

【注释】
漆鸣琴：鸣琴，古琴。漆饰的古琴。
相思文：典出于《述异记》。据《述异记》载："昔战国时，魏苦秦之难，有以民从征，戍秦久不返，妻思而卒。既葬，冢上生大木，枝叶皆向夫所在而倾，因谓之相思木。"文，木上的纹理。文与纹谐音，此处一语双关。

此调：指相思的曲调。

阳春曲：战国时期楚国的一种音韵乐理高深的歌曲名，即《阳春》，阳春白雪也。

宫商：为古代音律中的宫音与商音，引申为音乐、音律。

寻：连续、不断而来。

【译文】

客人自远方来，赠我一张漆饰的鸣琴。

琴木上满布相思的花纹，丝弦弹出的是别离的声音。

一生一世都要弹奏这个曲调，天寒地冻我心不改。

但愿作一支高雅的曲子，让这美妙的音乐悠扬不断。

西洲曲

作者：佚名【南北朝】

忆梅下西洲，折梅寄江北。
单衫杏子红，双鬓鸦雏色。
西洲在何处？两桨桥头渡。
日暮伯劳飞，风吹乌臼树。
树下即门前，门中露翠钿。
开门郎不至，出门采红莲。
采莲南塘秋，莲花过人头。
低头弄莲子，莲子清如水。
置莲怀袖中，莲心彻底红。
忆郎郎不至，仰首望飞鸿。
鸿飞满西洲，望郎上青楼。
楼高望不见，尽日栏杆头。
栏杆十二曲，垂手明如玉。

卷帘天自高，海水摇空绿。

海水梦悠悠，君愁我亦愁。

南风知我意，吹梦到西洲。

【概要】写一个少女，刻划她思念情侣的炽热而微妙的心情。

【注释】

《西洲曲》：这首诗是南朝民歌。西洲曲，乐府曲调名。

下：往。

西洲：当是在女子住处附近。

江北：当指男子所在的地方。

鸦雏色：像小乌鸦一样的颜色。形容女子的头发乌黑发亮。

伯劳：鸟名，仲夏始鸣，喜欢单栖。

乌臼：现在写作"乌桕"。

翠钿：用翠玉做成或镶嵌的首饰。

莲子：和"怜子"谐音双关。

青如水：和"清如水"谐音，隐喻爱情的纯洁。

莲心：和"怜心"谐音，即爱情之心。

望飞鸿：这里暗含有望书信的意思。因为古代有鸿雁传书的传说。

青楼：油漆成青色的楼。唐朝以前的诗中一般用来指女子的住处。

尽日：整天。

【译文】

又是梅花时节我不禁忆起情郎，前往西洲，采梅一束想寄往江北。

我身着单薄的衣衫像杏子一样火红，两鬓的乌发是雏鸦的颜色。

何处是西洲呢？从桥头的渡口划几桨便到。

暮色里伯劳鸟孤独地飞，乌桕树在风中寂寞地摇。

前门就在树下，门里定能见我带着翠玉的首饰。

家门打开不见心上人，索性出门采红莲。

采莲来到秋天的南塘，莲花长得高过了人头。

低头采集水中的莲子，莲子就像湖水一样青。

将莲子藏在袖子里，那莲心红通透底。

想郎不见郎来会，抬头向天只见鸿雁飞。

西洲天上飞满了雁儿，我上楼台遥望君。

楼台虽高却望不到他，我整天倚在栏杆上。

栏杆曲曲弯弯，沮丧的我垂下宛如白玉的双手。

卷起帘子，见天是那样的高，海水荡漾着无边的深绿。

海水像梦一般悠然，郎君啊你忧愁我也忧愁。

南风若知我的情意，请把我和情郎吹到梦中的西洲。

子夜秋歌

作者：佚名【南北朝】

秋风入窗里，罗帐起飘扬。
仰头看明月，寄情千里光。

【概要】思妇对出征丈夫的思念之情，风格哀怨而又缠绵。

【注释】
罗帐：闺房中卧榻前挂着的绸缎幔帐。
千里光：照耀千里的皎洁的月光。

【译文】
秋风瑟瑟吹进窗，闺中帷帐轻飘扬。
仰头凝眸看明月，千里月光寄相思。

拟青青河畔草

作者：鲍令晖【南北朝】

袅袅临窗竹，蔼蔼垂门桐。
灼灼青轩女，泠泠高台中。
明志逸秋霜，玉颜艳春红。
人生谁不别，恨君早从戎。
鸣弦惭夜月，绀黛羞春风。

【概要】描写了思妇对久别丈夫的一片挚情和盼归的心理。

【注释】

拟：效仿。青青河畔草：《古诗十九首》中的一篇。

袅袅：随风摇摆的样子。

蔼蔼：茂盛的样子。

灼灼：鲜艳的样子。

青轩（xuān）：指豪华的居室。

泠泠（líng líng）：轻盈的样子。

明志：高洁的志操。

逸：超过。

艳：一作"掩"。春红：春花。

君：指丈夫。

鸣弦：弹琴，有向亲人诉述心声之意。

绀（gàn）黛：美女丹青色的秀眉。绀，一种深青带红的颜色；黛，青黑色的颜料，古代女子用以画眉。

【译文】

窗边的秀竹轻轻摇曳着，梧桐树枝缓缓地垂落在门庭之上。

一位艳美的深闺少妇，轻盈地登上高台。

她对夫君的信念比秋霜更高洁，她的容颜与那艳丽的春花相映。

人生谁不经受离别之痛，她只怨夫君过早地从了军。

只能孤独地弹琴给月亮听，楚楚的画眉留给春风看。

古意赠今人

作者：鲍令晖【南北朝】

寒乡无异服，毡褐代文练。
日月望君归，年年不解綖。
荆扬春早和，幽冀犹霜霰。
北寒妾已知，南心君不见。
谁为道辛苦？寄情双飞燕。
形迫杼煎丝，颜落风催电。
容华一朝尽，惟馀心不变。

【概要】描写她思恋远在北方的征夫，尽管操劳，失望，容华尽失，唯有对他的一颗心始终不会变。

【注释】

毡（zhān）：用兽毛制成的片状物。

褐（hè）：粗布或粗布衣服。

文练：有花纹的熟丝织品。

綖（yán）：古代覆盖在帽子上的一种装饰物。古通"延"，松懈。

霰（xiàn）：在高空中的水蒸气遇到冷空气凝结成的小冰粒，多在下雪前或下雪时出现。

荆州、扬州：在南方，代指思妇所在之地；

幽州、冀州：在北方，代指对方所在之地。

杼：织布机的梭子。

【译文】

你在那寒冷之地没有精致轻暖的衣着，只能以粗毛粗布御寒。

日夜望你回到我的身旁，可是年复一年这绷紧的心弦总无缓解。

这里早已春回大地，而你那儿大概还是冰霜犹在。

我知道北地的寒冷，但是你不知道南方的我一片望夫的心情。

心中的辛劳和愁苦说给谁听？满腹心思只能托燕传情。

只我一人忙前忙后，紧迫得像织机上的梭子，昔日的容颜不再，早如风雨中的闪电转眼即逝。

容颜芳华一下子就到了尽头，唯有我对你的一颗心始终不会变。

代葛沙门妻郭小玉诗

作者：鲍令晖【南北朝】

明月何皎皎，垂幌照罗茵。
若共相思夜，知同忧怨晨。
芳华岂矜貌，霜露不怜人。
君非青云逝，飘迹事咸秦。
妾持一生泪，经秋复度春。

【概要】一个姓葛的人弃妻郭小玉出家做了和尚，其妻郭小玉独居相思，心情十分痛苦，女诗人鲍令晖，为郭小玉代言，作诗二首，抒写不平。这是其中一首。

【注释】
沙门：佛教名词。
幌：帐幔；帘帷（wéi）。
罗茵：丝制褥子。
矜：表示怜悯，怜惜。

青云：比喻高官显爵。平步青云。

飘跡：谓腾身高迁。

咸秦：解释为秦都城咸阳。

【译文】

明月何等的姣美，低垂的幔帷互应着丝缎的被褥。

如果我与你一同相思在夜晚，那么一早醒来会有同样的忧愁。

芳容年华哪能留得住，霜露是不会怜人的。

怨你并非为功业而弃家，并非保家卫国。

我含泪一生，饱受这遥遥无期的等待摧残。

地驱歌乐辞

作者：佚名【南北朝】

其一
青青黄黄，雀石颓唐。
槌杀野牛，押杀野羊。

其二
驱羊入谷，白羊在前。
老女不嫁，蹋地唤天。

其三
侧侧力力，念君无极。
枕郎左臂，随郎转侧。

其四
摩捋郎须，看郎颜色。
郎不念女，不可与力。

【概要】此是北朝乐府民歌。北朝是一个多民族聚居混合的朝代，男女交往的空气比南朝自由得多。

【注释】
青青黄黄：古时当指"仓仓惶惶"。发生了突然而恐怖的事。
雀石：当是山名或石名。
颓唐：崩塌，坠落。
槌杀：击毙。
押：通"压"。
蹋："蹋"通"踏"。
侧侧力力：叹息的声音

【译文】
其一
仓惶又匆忙，将雀石投下去。
锤杀了野牛，压死了野羊。

其二
驱赶着羊群进入山谷，一只白羊走在前面。
有个老姑娘嫁不出去呀，急得哭地又喊天。

其三
忍不住的连声叹息，对你的思念无穷无尽。
期待枕着你的胳膊，随着你辗转反侧。

其四

手在抚弄着郎的胡须，眼在察看着郎的脸色。

如果你心里没有了我，那就不必去勉强。

思公子

作者：邢邵【南北朝】

绮罗日减带，桃李无颜色。
思君君未归，归来岂相识。

【概要】女子思郎君，把他回来时不再认得她。

【注释】
绮罗：泛指华贵的丝织品或丝绸衣服。
桃李：桃花和李花；喻人的青春年少。

【译文】
绮罗的衣带越来越短，少女的芳华正在消逝。
思念着你可你还没回来，等你回来时如何还认得我呢？

www.ingramcontent.com/pod-product-compliance
Lightning Source LLC
Chambersburg PA
CBHW051232210726
48290CB00003B/915